AF250713

PRONONCÉ

EN LA SESSION

DES

ÉTATS LIBRES

DU

DAUPHINÉ

AU BANQUET OFFERT

le 5 Mars 1893

A VOIRON

VOIRON
IMPRIMERIE A. MOLLARET, RUE DES BAINS
1893

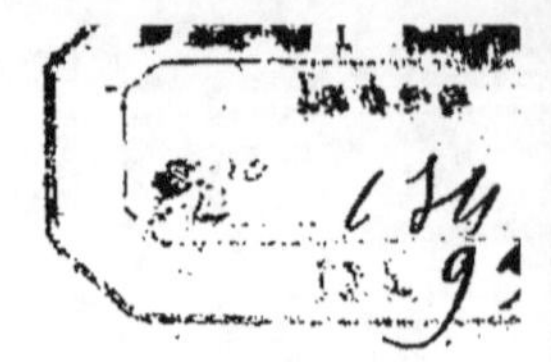

PRONONCÉ

AU NOM DE L'AUTEUR EMPÊCHÉ

EN LA SESSION

DES

ÉTATS LIBRES

DU

DAUPHINÉ

AU BANQUET OFFERT

le 5 Mars 1893

A VOIRON[1]

---

[1] L'auteur a déposé sa proposition à la Commission d'agriculture des Etats Libres du Dauphiné.

Je vous salue et, représentant autorisé que je prétends être d'un vieux Voiron généreux, je vous remercie.

Vous êtes des travailleurs, les travailleurs aux revendications si nécessaires et tant endormies ; votre labeur, à vous aussi, est pour le peuple.

Nos malheurs publics, révélés au monde par la découverte de plaies profondes, font se lever en France de toutes parts les courages les plus généreux ; une voix que j'entends me dit que tant d'efforts pour les libertés élémentaires aujourd'hui perdues, pour le droit, pour l'honneur, ne seront pas semence vaine.

Votre tâche est ardue, votre courage est de ceux qu'il faut admirer ; mais si vous êtes à la peine, un jour vous serez à l'honneur. De vos efforts, de votre labeur, une voix que j'entends me dit : *Olim meminisse juvabit!*

Une ambition personnelle qu'enfin je vais satisfaire me fait vous remercier plus qu'un autre. Dans cette Cité que j'aime, devenue la Cité du silence, vous m'apportez une tribune et j'y monte avec avidité.

Sans doute un moins possédé que moi par la Sybille qui l'obsède se sentirait déconcerté. A nos oreilles, à notre admiration résonne encore cette parole de Sparte que la simplicité fait lumière et qui nous a pénétrés si profondément de sa force.

Si bien que tout m'invite à dire en ce moment ci, copiant un grand orateur à la barre : « Il faut que je parle et que j'écoute encore ! »

Il faut que je parle à votre tribune inespérée, et je parlerai. Je suis un apôtre.

Dès long-temps une voix me hante et me harcèle. Je veux une loi.

Je veux une loi qui dise :

La Terre est sacrée. La propriété cultivée est inviolable.

Inviolable, Messieurs, c'est *insaisissable*.

Pas moins que cela.

Que les généreux ouvrent l'oreille ; que les sages ne s'effraient point. A toute objection la réponse triomphante est prête. (1)

(Mais pas pour aujoud'hui, Messieurs, rassurez-vous, je veux être bref.)

---

(1) La terre cultivée insaisissable, oui! Non son revenu, dont *une part seulement* peut demeurer *gage*.

Messieurs,

La terre, c'est la grandeur de la France ; c'est le travail et la richesse, c'est l'honneur.

J'ai mes formules :

La terre est sacrée. Son culte et son sacerdoce, c'est la sueur, c'est le **labor improbus**, *c'est le labourage.*

Le Lévite, c'est le paysan, c'est **mon Bœuf!**

En des écrits qui ne franchiront jamais l'Isère j'ai toujours appelé le paysan *mon Bœuf.*

Qu'en avez-vous fait de mon Bœuf? un Irlandais, une victime lamentable.

Le plus fortuné lutte à grand'peine contre l'insupportable *res angusta domi* tant détesté d'Horace, — les autres pleurent à la porte de leur maison expropriée.

A ce spectacle le Lévite s'évade aujourd'hui du temple et s'enfuit aux villes, — aux cités alléchantes, repaires pour lui de la misère et des vices hideux.

Voilà ce qu'on a fait du Lévite, voilà ce qu'est devenu mon Bœuf, — par nos lois, par l'huissier et par la saisie.

Par la saisie *inévitable*, puisqu'aujourd'hui il est mis en pleine lumière du soleil que nos lois arrachent au Bœuf *cinquante pour cent* de ce que le Bœuf arrache à la terre.

Je veux une loi, vous dis-je ! Je la veux claire, simple et forte. Je la veux courte. A cette terre, opprimée, à cette reine outragée, je veux un nimbe :

La terre est sacrée. La propriété cultivée est insaisissable.

Insaisissable, et pourquoi non?

Vous avez fait insaisissable, et vous avez bien fait, le lit du saisi. Peut-être même aussi sa chaise, et je vous passe de grand cœur la chaise.

Vous avez fait insaisissables en bien des cas, et qui voudrait vous en blamer? — les biens de la femme. Vous avez fait insaisissables d'autres choses, d'autres biens encore.

Et vous trouveriez *énorme* ce privilège admis d'insaisissabilité enfin appliqué, enfin donné.

— Non! *rendu* à la terre!

Et vous n'apercevriez point vite que la loi que je veux, — « *La terre est sacrée. La propriété cultivée est insaisissable,* » — est pour la France la loi du salut et de la grandeur, la loi qui sauve la terre par la justice, la loi qui fait le temple et le culte et le sacerdoce honorés; qui du Lévite déserteur et paria fait un Lévite devenu subitement auréolé par la volonté nationale, un aristocrate, ma foi!

Eh bien oui! j'en veux faire un aristocrate de mon Bœuf. Assez longtemps sa blouse grossière endura la misère et le mépris; trop longtemps on a ri sans vergogne de son corps devenu vieux, que les fatigues ont fait diffus et grotesque, comme sont les dernières lettres de notre alphabet.

* *
*

Il est le Seigneur du travail, le Seigneur dépossédé de la terre. Il est l'abeille ouvrière dans la rûche où nous sommes tous, Messieurs, plus ou moins, mais tous un peu les frêlons.

Il a son défaut, mon Bœuf. Il est fort et ne se sert point de sa force. Il ne s'assemble pas en tumulte et ne fait point de barricades. S'il savait sa puissance, par la loi des Syndicats il écraserait tout devant lui de son front cornu. Il a son défaut, vous dis-je ! il n'assomme point sur leurs planches les Députés qui s'avisent de le complimenter d'être *enfin* ! délivré de la dîme.

Il a son défaut encore. Dans la boëte où l'on vote il m'a plus d'une fois considérablement déconvenu. Il est cauteleux ; mais le lapin et le lièvre sont cauteleux devant le putois et la fouine. Devant l'huissier, devant l'avoué, devant l'homme rapace des villes, mon Bœuf s'est fait cauteleux à son tour.

Eh bien ! tel que vous l'avez fait, cauteleux, inconscient, — je n'entends plus qu'il prie, je veux qu'il commande. Je ne le veux plus à l'aumône, je le veux au Gouvernement.

Je le veux au Gouvernement par la loi juste et partout souveraine de la proportionalité, — par le droit de son *apport*, à mon Bœuf.

Il vous apporte la grandeur et la puissance — par la richesse que *seu*⋯s fait inextinguible ; par votre richesse qu'il enfante et dont rien ne reste, ou presque rien, dans sa main calleuse.

Messieurs, le temps presse. A l'agonie de mon Bœuf ne suffisent plus les émollients et cataplasmes que traînent dans leurs homélies nos étranges représentants, et pas davantage les promesses trop haut perchées des Parlements qui nous gouvernent.

Et savez-vous pourquoi le temps presse? Oh, c'est énorme et c'est pourtant vrai ! — Parce que la terre de France est menacée en ce moment-ci d'être mise en *petits papiers*.

Je ne veux point rire, Messieurs, Dieu m'en garde ! On ne rit point devant des hommes tels que vous. Mais écoutez, je vous en prie.

En France, où nous sommes devenus très inattentifs, une *création* nous est préparée, la création du LIVRE FONCIER.

Le créatenr c'est le *Congrès de la propriété foncière*, — lequel vient de tenir sa session à Paris, du 17 au 22 octobre dernier.

A ce Congrès figurent, au titre de Président d'honneur, MM. Rouvier, Ricard, Léon Say, tous trois anciens ministres. M. de Rotschild n'y figure pas.

J'ai lu les débats. Qu'est-ce que le *Livre Foncier*?

C'est *la mobilisation de la propriété foncière* .Le programme de ce Congrès le dit *textuellement*. M. Léon Say l'écrit de sa plume.

A ce Congrès d'Octobre les notaires de France,

présents et consultés, s'expriment par un vote éclatant de réprobation. Un notaire, indigné s'écrie : *Nous ne voulons pas du sol de la France en actions! Nous ne voulons pas de la terre* **valeur de Bourse!**

A la réprobation des notaires il est répondu avec insolence : « *Vous avez dit non. Eh bien! le Livre Foncier se fera quand même.*

Le *Livre Foncier* se fera quand même. Donc, Messieurs, voilà la propriété de mon Bœuf devenue un petit papier transmissible, grand comme son ongle; *sa terre à lui* devenue argent de poche; — sa terre à laquelle il tient tant convertie en une bulle de savon, tremblottante au creux de sa main.

Et vous apercevez bien, n'est-ce pas? — mon brave ami Bœuf au cabaret. Il aime à boire, mon ami Bœuf, mais vous, vous aimez bien aussi quelque chose.

Après boire, mon ami Bœuf aperçoit son petit papier, — grand comme son ongle, — déjà tout glissé dans la poche d'un Von Reinach grand ou petit.

Messieurs, cette conception, cette colossale entreprise, c'est le sol de la France mis tout entier aux mains d'Israël.

Ma loi, c'est là réponse, c'est mon défi à la conception Judaïque.

Et vous voyez bien que le temps presse.

.*.

Messieurs, j'ai dit; je suis soulagé. Je vous recommande ma loi. Elle porte en son sein fertile des révisions sans nombre que vous apercevez vite. Elle porte la mise à mort du Minotaure *Frais de justice*.

J'ai lu avec attention le programme de votre assemblée.

Je ne sais si ma *Folie*, — quelquefois les fous sont les sages, — aura la fortune d'être notifiée en quelque place de votre session présente des *Etats Libres du Dauphiné*. Elle en serait très flattée, mon Bœuf aussi.

Elle n'eût point voulu, ma folie, se présenter au seuil d'une de vos commissions diverses, appréhendant d'y être accueillie comme dans un salon une demoiselle mal habillée. Mais à table elle se rassure et vient se présenter à vous librement, sous la protection du Champagne.

Je bois à vous, Messieurs des *Etats Libres du Dauphiné*, et je bois à *mon Bœuf*! — pour qui je demande :

La terre sacrée. La propriété cultivée insaisissable.

Voiron, 5 Mars 1893.

FAIGE-BLANC,
Ancien Maire de Voiron

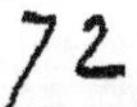

www.ingramcontent.com/pod-product-compliance
Lightning Source LLC
Chambersburg PA
CBHW051449060726
47596CB00006B/2686